DRÔLE DE VAMPIRE

Données de catalogage avant publication (Canada)

Boucher Mativat, Marie-Andrée, 1945-

Drôle de vampire
(Caméléon)
Publ. antérieurement sous les titres : Anatole le vampire. c1996 ; Les amours d'Anatole. c1999 ; et, Les enfants d'Anatole. c2001.
Publ. à l'origine dans la coll. : Collection Plus.
Pour les jeunes de 9 à 11 ans.
ISBN 2-89428-728-3

I. Thisdale, François, 1964- . II. Titre. III. Titre : Anatole le vampire. IV. Titre : Les amours d'Anatole. V. Titre : Les enfants d'Anatole. VI. Collection : Caméléon (Hurtubise HMH (Firme)).

PS8576.A828D78 2004 jC843'.54 C2004-940297-8
PS9576.A828D78 2004

Les Éditions Hurtubise HMH bénéficient du soutien financier des institutions suivantes pour leurs activités d'édition :

- Conseil des Arts du Canada ;
- Gouvernement du Canada par l'entremise du Programme d'aide au développement de l'industrie de l'édition (PADIÉ) ;
- Société de développement des entreprises culturelles du Québec (SODEC) ;
- Gouvernement du Québec par l'entremise du programme de crédit d'impôt pour l'édition de livres.

Éditrice jeunesse : **Nathalie Savaria**
Conception graphique : **Marc Roberge**
Illustration de la couverture : **François Thisdale**
Mise en page : **Folio infographie**

Téléphone : (514) 523-1523 • Télécopieur : (514) 523-9969
www.hurtubisehmh.com

Distribution en France
Librairie du Québec/DNM
Téléphone : 01 43 54 49 02 • Télécopieur : 01 43 54 39 15
Courriel : liquebec@noos.fr

Dépôt légal/1er trimestre 2004
Bibliothèque nationale du Québec
Bibliothèque nationale du Canada

Imprimé au Canada

De plus loin qu'elle se souvienne, **Marie-Andrée Boucher Mativat** a toujours écrit. Enfant, avant de savoir écrire, elle faisait semblant de le faire. C'est d'ailleurs par le biais de l'écriture qu'elle a fait la connaissance de son mari, l'écrivain Daniel Mativat.

Ensemble, ils ont donné naissance à *Anatole le vampire*, mais c'est en solo que Marie-Andrée a poursuivi l'écriture de ses aventures.

En plus d'avoir signé de nombreux romans pour les jeunes, Marie-Andrée a été lauréate du prix Monique-Corriveau, deux fois finaliste au prix d'excellence de ville de Laval, lauréate du prix de la culture 2002 de ville de Laval et finaliste au Prix du Livre M. Christie, 2003.

Les aventures d'Anatole (*Anatole le vampire*, *Les Amours d'Anatole* et *Les Enfants d'Anatole*) parues dans la collection Plus sont maintenant réunies en un seul roman pour le plus grand plaisir des lecteurs.

MARIE-ANDRÉE BOUCHER MATIVAT

DRÔLE DE VAMPIRE

HURTUBISE HMH

CAMÉLÉON

Anatole

— Mange, Anatole !

— Mais maman... tu le sais, je déteste les araignées !

— Si tu ne finis pas ton assiette, tu n'auras pas de sang chaud au dessert.

— Ça m'est égal. Je n'aime pas le sang chaud non plus.

— Mon pauvre Anatole ! Je ne sais vraiment pas ce que nous allons faire de toi.

Avec ses deux petites canines de chat, ses cheveux rouge carotte, ses oreilles en pointe, Anatole est tout le portrait de son père, Boris, l'arrière-petit-neveu du célèbre comte Dracula. Par contre, ses yeux gris, couleur de lune, lui viennent de sa mère, Magda.

Bref, Anatole est plutôt beau garçon. Pourtant, il l'ignore. Car, comme tous les vampires, il n'a jamais pu se regarder dans un miroir.

— Anatole, où vas-tu ?

— Je sors, maman !

— Tu n'as pas touché à mes coquerelles farcies. Surtout, n'oublie pas de rentrer DIX MINUTES avant le lever du soleil ! La dernière fois, tu as bien failli griller. DIX MINUTES ! Tu as compris ? Sinon, tu n'auras plus le droit de sortir seul, la nuit.

— Oui... Oui...

Anatole s'apprête à pousser la dalle du caveau familial, mais sa mère le retient :

— Parle-lui, Boris ! s'écrie Magda. Cet enfant ne m'écoute pas.

Le père d'Anatole, qui lisait la rubrique nécrologique, plie son journal et se compose un air autoritaire :

— Ta mère a raison... Un jour, tu te brûleras les ailes ! Tu sais pourtant ce que la lumière fait aux vampires: PCHIIIIT !

Quelques flammes puis, plus rien. Juste un petit tas de cendres.

Anatole proteste :

— Ne t'inquiète pas, papa. Je serai de retour à six heures quinze très exactement.

— SIX HEURES QUINZE ! Malheureux ! s'exclame son père sur un ton catastrophé. As-tu perdu la tête ? Demain matin, le soleil se lève à six heures treize !

— Tu vois... tu vois... triomphe Magda. Et tu dis que je me fais du mauvais sang pour rien. Cet enfant me ferait mourir, si je n'étais déjà morte.

— Enfin, proteste Anatole, j'ai cent cinquante ans ! Je ne suis plus un bébé. Il me semble que vous pourriez me faire confiance.

Mais Magda n'en a pas fini avec son fils. Elle le suit jusqu'à la grille du cimetière, en multipliant les recommandations :

— Attention aux fleurs d'ail ! Méfie-toi des roses sauvages !

Anatole n'a qu'une envie : déguerpir au plus vite ! Soudain, sous le regard désespéré de sa mère, il se métamorphose en papillon.

— Ne vole pas trop vite ! crie Magda, tandis que son fils prend son envol au-dessus des pierres tombales.

Soucieuse, elle reprend le chemin du caveau familial et se laisse choir dans son sarcophage de marbre, cadeau de mariage de lointains cousins de Transylvanie.

— Boris, soupire Magda, sais-tu en quoi s'est changé notre fils ?

— En chauve-souris, je suppose. Comme tous les vampires sérieux.

— Eh bien, non !... Il s'est transformé en... en... Oh ! C'est terrible !

Indifférent aux lamentations de son épouse, Boris déplie son journal :

— Voyons, Magda, il faut bien que jeunesse se passe. Je suis sûr que ce n'est pas si grave. Tu te fais du souci pour rien.

Magda serre les poings :

— Tu vois ? Tu vois ? Tu recommences ! C'est toujours la même chose avec toi. Tu ne fais jamais attention à ce que je dis.

Anatole est déjà loin.

Il vole... voltige... vire... virevolte... de-ci, de-là... Et se livre à mille acrobaties aériennes.

— Enfin LIBRE ! clame-t-il aux quatre vents. Bon sang que les parents peuvent être pénibles... As-tu brossé tes canines ? As-tu fait le ménage de ton cercueil ? Mange ceci, bois cela ! Je déteste la cuisine de ma mère ! Ah ! quel bonheur de pouvoir voler en paix ! Et puis, qu'est-ce que c'est que cette obligation de toujours se transformer en chauve-souris ? Si je préfère me métamorphoser en papillon, c'est bien mon affaire ! De quoi ils se mêlent ?

Cette nuit, Anatole a choisi d'être le plus beau : un papillon-lune, tout bleu, taché d'or et scintillant comme un prince dans son habit de gala.

Anatole aime ces heures magiques où il peut valser autour des réverbères, en compagnie de mille insectes ailés. Quelle ivresse !

Minuit sonne.

Anatole suspend son vol pour écouter les douze coups qui s'égrènent au clocher de l'église. Puis, il repart dans un bruissement d'ailes. Un nuage passe devant la lune. Quelque part un chien se met à hurler à la mort.

— AOUOUOUOUOUOUOUOU !

C'est l'heure à laquelle les vampires affamés sourient de toutes leurs dents acérées avant de les planter dans le cou de leurs victimes assoupies...

Pour Anatole, l'heure est venue de se régaler.

Le secret d'Anatole

Anatole plonge vers la terre. Dès qu'il touche le sol, il retrouve aussitôt forme humaine. Vêtu de la tenue officielle du parfait petit vampire, habit de soirée, jabot de dentelle et cape noire doublée de satin rouge, il marche tel un somnambule. Anatole salive déjà. Il la sent. Elle est là. Cent fois plus belle que dans son souvenir. La chair lisse et tendre, offerte à ses crocs impatients.

Il se penche en avant, ferme les yeux et la mord. Une fois. Deux fois. Ensuite, il s'attaque à sa voisine. Puis à une autre. Et à une autre encore... Son appétit est insatiable. Quel délice ! Quel festin sans pareil !

Rassasié, Anatole se redresse. Du revers de la main, il essuie le mince filet rouge qui dégouline du coin de sa bouche et soupire :

— Ah ! Les tomates, il n'y a rien de meilleur !

Sa voix résonne dans le silence. Inquiet, Anatole se retourne.

Pourvu que personne ne le surprenne ! Quelles histoires ça ferait si ses parents venaient à découvrir qu'il est VÉGÉTARIEN !

Malgré cette terrible menace qui pèse sur lui, Anatole vient régulièrement en secret dans ce jardin se régaler de légumes frais. Tomates, carottes, betteraves, aubergines, concombres, melons... Chaque soir, c'est la même orgie potagère, la même débauche vitaminée qui le laisse repu, somnolent. Le voilà couché sur le dos en travers des allées, les deux mains croisées sur son ventre tendu à craquer.

Pas étonnant qu'Anatole rentre toujours en retard... Aux premières lueurs de l'aube, il digère encore.

Une fois de plus, Anatole a oublié l'heure. Il s'est endormi, la tête sur un potiron.

Bientôt, une lueur commence à rosir le ciel. Les oiseaux gazouillent. Le soleil va se lever.

Heureusement, Anatole sort enfin de sa torpeur. Plus que dix secondes avant les premiers rayons du jour ! Vite, il lui faut trouver une cachette. Neuf secondes... Huit... N'importe quoi fera l'affaire. Une bouche d'égout, une poubelle. Sept secondes... Six...

Anatole court comme un fou. Il remarque une porte au fond du jardin. Cinq secondes... Quatre... Anatole martèle la porte de ses deux poings. Elle résiste. Trois secondes... L'aube va bientôt enflammer la tenue de soirée d'Anatole. Deux secondes... Il pousse de toutes ses forces. Une... La porte cède. Sauvé !

— Ouille-ouille-ouille, se lamente-t-il en se tapotant le postérieur. Cette fois-ci, j'ai vraiment eu chaud aux fesses !

Malgré l'obscurité qui règne à l'intérieur, Anatole y voit comme en plein jour. Il emprunte sans difficulté un escalier qui débouche dans une pièce voûtée où sont alignées des dizaines de caisses remplies à craquer d'oignons, d'échalotes, de courgettes, de brocolis...

— UN CAVEAU À LÉGUMES ! Quelle merveille ! s'écrie Anatole en s'allongeant sur une montagne de pommes de terre.

Cinq minutes plus tard, il ronfle comme une toupie.

Coup de foudre

Depuis qu'il a fait cette fabuleuse découverte, Anatole revient chaque nuit festoyer dans le caveau à légumes. Tel Ali Baba dans la caverne aux trésors, il fait bombance à l'abri des regards indiscrets.

Or, voilà que la nuit dernière, une fenêtre allumée chez le propriétaire du potager a piqué sa curiosité. Anatole a décidé d'aller y jeter un coup d'œil.

Derrière la vitre, une jeune fille lisait. Ses beaux yeux verts fixaient attentivement le texte. D'une main distraite, elle repoussait négligemment une longue mèche de cheveux roux. Anatole en est aussitôt devenu éperdument amoureux.

Depuis, toutes les nuits, il revient papillonner sous sa fenêtre. Il n'entend plus les gargouillis de son estomac qui crie famine. Il a totalement perdu l'appétit. Plus rien ne compte pour lui que cette jeune fille penchée sur son livre.

Ah ! S'il osait... Il toucherait terre et irait frapper à sa porte. Mais, voilà, Anatole est timide. Rien que l'idée de se retrouver devant elle lui fait monter le rouge aux joues. Alors, il reste là à voleter sur place pendant des heures. Et, même après que la lumière s'est éteinte, il continue à danser derrière la vitre pour veiller sur le sommeil de sa belle.

Pauvre Anatole ! Trempé de rosée, l'air rêveur, il réintègre le tombeau familial.

— Anatole, es-tu malade ? s'inquiète Magda. Tu es rouge comme une tomate.

— Non, non, je vais bien.

— Alors, tu as mordu quelqu'un ? s'informe Boris.

— Non, papa, avoue Anatole en secouant sa crinière rousse.

— QUOI ? Je vais finir par croire que ta mère a raison. Mais qu'as-tu donc dans les veines ? Du jus de navet ? Quand vas-tu enfin te décider à te conduire en vampire responsable ? Moi, à ton âge, j'étais déjà une terreur. Toutes les nuits, je parcourais les Carpates et je me payais ma pinte de bon sang.

Mais Anatole n'écoute rien. À bout de forces, il s'écroule dans son cercueil. Les yeux grands ouverts, il rêve. Il maudit le sort qui l'oblige à quitter son inconnue aux premières lueurs du jour. Que ne donnerait-il pas pour pouvoir la contempler en plein soleil !

Or, voilà que la nuit suivante, à l'heure où l'aube commence à repousser les ténèbres, la jeune fille ouvre sa fenêtre :

— Chouette ! Nous allons avoir une journée magnifique ! murmure-t-elle en souriant, l'air ravi.

C'est alors qu'elle aperçoit Anatole.

— Oh ! Le beau papillon ! s'écrie-t-elle en tentant de l'attraper.

Pauvre Anatole ! Il vole dans tous les sens pour lui échapper. Hélas ! Dans son affolement, il perd complètement le nord et pénètre dans la chambre.

La jeune fille n'a rien vu.

— Tant pis ! soupire-t-elle en refermant la fenêtre d'un geste sec.

Clac ! Voilà Anatole pris au piège. Il fait presque jour. Une chaude lumière commence à envahir la pièce. Ignorant le drame qu'elle a déclenché, la jeune fille regagne son lit et se rendort.

Anatole vole en rond à la recherche d'une issue. Il se rappelle les sombres prédictions de son père :

— Un jour, tu finiras par te brûler les ailes.

Cette fois, ça y est ! Le soleil inonde complètement la chambre. Anatole est condamné. Un rayon de lumière l'atteint à l'aile gauche. C'est la fin. Vaincu, Anatole se laisse glisser au sol. Il a repris forme et attend, impuissant, d'être consumé.

Les secondes s'écoulent... Puis les minutes...

Ébloui par la lumière, Anatole cligne des yeux. C'est alors que le miroir de la commode retient son attention.

Alors là ! Alors là ! Anatole croit rêver. Incroyable ! Inimaginable ! La surface polie lui renvoie son image ! Anatole n'en revient pas ! Il fait grand jour et il est VIVANT ! BIEN VIVANT ! Il peut même se contempler dans la glace. Par quel miracle cela a-t-il pu se produire ?

La jeune fille gémit dans son sommeil.

Anatole marche à pas de loup jusqu'à la fenêtre. Il l'ouvre discrètement, l'enjambe et plonge au milieu d'un massif de fleurs. Dans sa chute, il fracasse un tuteur de bois qui soutenait un rosier grimpant.

Éveillée en sursaut, la jeune fille accourt à la fenêtre :

— Que fais-tu là ? Je ne t'ai jamais vu ici, auparavant.

— ...

Anatole fait semblant de désherber la plate-bande. Il n'ose même pas lever les yeux.

— Tu travailles pour le jardinier ? Dis donc, tu as vu l'heure ? Tu ne pourrais pas repasser un peu plus tard ? En tout cas, ton déguisement est superbe ! Comment t'appelles-tu ?

— Anatole. Et toi ? réussit-il à articuler.

— Virginie. J'espère que tu pourras te libérer pour venir assister à la grande fête en plein air, cet après-midi. Ton costume fera fureur !

Pour la première fois de son existence de vampire, Anatole sent son cœur battre à grands coups dans sa poitrine.

En rentrant au caveau familial, Anatole a droit à un accueil mémorable !

— Mais enfin, où étais-tu donc ? Tu sais l'heure qu'il est ? Ton père et moi, nous te croyions déjà parti en fumée, lance Magda en soulevant le couvercle de son sarcophage.

— Tu n'as pas honte de nous faire des peurs pareilles ? ! ? ! enchaîne Boris en se redressant dans son cercueil. Depuis le lever du jour, nous n'avons pas cessé de nous retourner dans notre tombe en imaginant le pire ! Quand donc vas-tu te décider à te comporter comme un vampire qui se respecte ?

— Je suis désolé, bredouille Anatole. Mais vous pouvez dormir tranquille, je n'ai plus rien à craindre du soleil.

— Tu as entendu ça, Magda ? C'est pire que ce que je pensais ! Ou ce garçon fait de la fièvre ou il a complètement perdu les pédales !

Anatole n'insiste pas. À quoi bon ? Il aurait beau expliquer la situation en long, en large et en travers, jamais ses parents ne voudraient le croire. Alors, chaque après-midi, il quitte discrètement le caveau familial pour aller rejoindre Virginie. Quel bonheur de se promener avec elle en pleine lumière !

Désormais, Anatole va et vient comme n'importe quel mortel. Enfin, presque...

Il a beau protéger jalousement son secret, fatalement, un jour ou l'autre, il éveillera les soupçons de ses parents. Il ne fera pas bon être dans les parages lorsque Boris et Magda découvriront le pot aux roses !

4

Anatole a disparu

Magda soulève énergiquement le couvercle de son sarcophage et s'étire langoureusement. Décidément, elle a bien dormi.

Trop bien même. Jamais elle ne s'éveille aussi tard ! Mais, aujourd'hui, elle n'est pas la seule à traîner au lit. Dans le cercueil voisin, Boris ronfle à faire trembler toutes les pierres tombales.

Magda se lève à contrecœur. D'un geste souple, elle lisse la parure de satin noir de son sarcophage. Le noir, c'est sa couleur préférée. Celle qui met en valeur son teint blafard. Ce teint qui a immédiatement séduit Boris.

Magda sourit en songeant à leur première rencontre.

Un grincement sinistre la tire brusquement de sa rêverie.

— Boris ! Tu m'as fait peur ! Quand vas-tu enfin te décider à huiler les charnières de ton cercueil ?

Boris bâille un grand coup.

— Cette nuit. Cette nuit. Promis !

— Des promesses ! Des promesses ! murmure Magda. Ça fait six mois que tu me chantes la même rengaine.

Boris proteste :

— C'est faux !

— Baisse le ton ! chuchote Magda. Le petit dort encore.

Boris consulte sa montre.

— Minuit quinze et Anatole n'est pas encore levé ! Qu'est-ce que c'est que ces manières de traîner au lit à une heure pareille ? À son âge, j'étais debout à la tombée de la nuit.

— Si tu passais moins de temps à lire la chronique nécrologique, tu te serais rendu compte que notre fils n'est plus le même.

— Qu'est-ce que tu racontes ?

— Chaque soir, Anatole sort de sa tombe complètement épuisé !

Boris hausse les épaules :

— Tu te fais encore du souci pour rien. Le petit manque de vitamines, c'est tout. Fais-lui prendre un peu de sang chaud au réveil. Ça vous remet un vampire sur pied en moins de deux !

Magda pousse un long soupir.

— Tu sais bien qu'Anatole a horreur du sang chaud. D'ailleurs, il touche à peine à ce que je lui sers. Hier encore, il a refusé de goûter à mes araignées dans le vinaigre. Mais il y a plus inquiétant...

Boris commence à s'impatienter.

— Quoi encore ?

Magda baisse tristement les yeux.

— Tu as vu son teint ?

— Qu'est-ce qu'il a, son teint ?

— Un vrai teint de pêche ! S'il n'était pas mon fils, je dirais même qu'il est bronzé. Tu te rends compte !

Boris est catastrophé.

— Ça alors ! C'est plus grave que je ne le pensais !

Boris frappe à petits coups répétés contre le cercueil de son fils.

— Arrête ça ! lance Magda. Tu vas le réveiller.

— Il est temps que nous ayons une conversation franche. D'homme à homme.

— Je parie qu'il ne t'écoutera pas.

Anatole émerge lentement de son cercueil :

— Que se passe-t-il ?

Boris prend un ton autoritaire.

— Il faut que je te parle.

Anatole se frotte les yeux.

— Maintenant ? Ça ne peut pas attendre ?

— Non.

Anatole se passe la main dans son épaisse chevelure rouge.

— De quoi veux-tu que nous parlions ?

Boris s'éclaircit la voix.

— Hum ! Hum ! De toi. De ta santé. De tes amis. De tes projets. De tes amours...

Beau garçon comme tu es, tu dois en faire tourner des têtes ! Moi, à ton âge, j'étais la coqueluche des Carpates.

Anatole bâille.

— Écoute, papa, je suis épuisé. Si tu veux, on parlera une autre fois.

Et vlan ! Anatole claque le couvercle de son cercueil au nez de Boris.

— Tu as vu ça ? ! ? !

En colère, Boris tourne le dos à son épouse. Le reste de la nuit se passe en silence. Quand le jour se lève, les parents d'Anatole sont déjà couchés depuis longtemps.

Et voilà qu'à l'instant où le soleil atteint son zénith, une terrible secousse ébranle le caveau.

Boris et Magda s'éveillent en sursaut.

— Belle heure pour faire du boucan !

— Qu'est-ce que c'est ? s'informe Magda.

— Sans doute les travaux pour la nouvelle autoroute. J'ai lu un article à ce propos dans le journal.

Magda tremble d'indignation.

— C'est révoltant ! Il devrait y avoir des lois contre de tels pollueurs. Enfin, ça n'est pas permis de réveiller les gens, comme ça, en plein midi !

Boris tend le menton en direction du cercueil de son fils.

— Décidément, Anatole a un sommeil de plomb. Tu te rends compte ? Il ne s'est même pas réveillé !

— Il a sans doute mis des bouchons dans ses oreilles pour ne pas t'entendre ronfler. À moins que... Ah ! non, pas ça !

Magda se précipite vers le cercueil de son fils. Elle soulève le lourd couvercle. Alors, un cri déchirant remplit le caveau :

— ANATOLE A DISPARU !

5

Les aveux d'Anatole

En un éclair, Boris rejoint son épouse. Hélas ! il doit se rendre à l'évidence.

Le cercueil est bel et bien vide.

— Que lui est-il arrivé ? se lamente Magda.

Boris enlace tendrement sa compagne.

— Il a dû sortir au petit matin et il s'est fait prendre par le lever du jour. Tu le connais. Ce ne serait pas la première fois que ça lui arrive.

— Justement, ce coup-ci, qui sait si le soleil ne l'a pas atteint ? Quelle horreur ! En ce moment, notre fils n'est peut-être plus que poussière.

— Mais non. Anatole est débrouillard. À l'heure qu'il est, il doit se cacher dans un coin sombre, en attendant la nuit.

— Tu dis ça pour me rassurer, proteste Magda.

Soudain, un bruit familier glace Boris et Magda. Quelqu'un pousse la dalle qui ferme le caveau familial.

— Qui c'est ? souffle Magda.

— Je n'en ai pas la moindre idée. Vite ! lance Boris. Rentrons dans nos cercueils !

Boris plonge dans le sien.

Un mince rayon de soleil s'infiltre déjà dans le caveau.

Épouvantée, Magda se précipite vers son abri de satin noir. Une odeur de brûlé lui chatouille les narines.

Terrorisée, Magda pousse un hurlement :

— Au secours ! Au feu !

Un rayon de soleil l'a atteinte à la tête et sa belle chevelure est en flammes.

Bondissant à l'intérieur du caveau, Anatole retire sa cape et en couvre les cheveux de sa mère.

— C'est fini, c'est fini. Tout va bien, maintenant.

Boris est furieux.

— C'est toi qui le dis! Tu as failli tuer ta mère en rentrant à cette heure. Cette fois, tu nous dois une explication.

Anatole est coincé. Impossible de reculer encore l'instant des aveux.

— Dès que j'ai entendu l'explosion, je suis accouru. Je me doutais bien que le bruit vous réveillerait. J'espérais arriver avant que vous découvriez mon absence.

Boris ne lâche pas prise.

— C'est bien beau, tout ça. Mais tu ne nous as pas encore dit où tu étais. Ni comment tu as pu revenir ici sans être victime du soleil.

— C'est une longue histoire... commence Anatole.

— On y passera le reste de la journée et la nuit entière, s'il le faut. Mais, ta mère et moi, nous voulons la vérité. Toute la vérité!

Par où débuter? Anatole hésite:

— Le potager était si beau au clair de lune! J'avais faim.

Anatole baisse les yeux:

— Alors, j'ai craqué. Goulûment, j'ai mordu... dans une tomate. Jamais je ne m'étais autant régalé ! Ensuite, il m'a été impossible d'arrêter.

Choqué, Boris pousse un grognement sourd.

Anatole enchaîne :

— J'ai goûté à tout. Betteraves, carottes, courgettes... le sort en était jeté. En quelques jours, je suis devenu végétarien...

Anatole fait une pause.

— C'est alors que j'ai fait une découverte extraordinaire ! Grâce à mon nouveau régime alimentaire, je n'ai plus à redouter le soleil !

Magda et Boris attendent fébrilement la suite.

— Puis, un soir, derrière une fenêtre allumée, j'ai aperçu Virginie. J'en suis aussitôt tombé follement amoureux.

Boris et Magda sont sonnés !

— Quelle douleur ! Trahi par son propre fils ! gémit Boris.

Magda enlace tendrement son garçon.

— Ne sois pas si dur avec lui ! Il est en vie. C'est tout ce qui compte.

Boris s'entête.

— Il a renié notre famille, nos ancêtres. Il n'est plus des nôtres.

Anatole proteste :

— Mais papa...

Boris refuse de l'écouter.

— Jamais je ne me relèverai d'un coup pareil ! Il a détruit mon existence. Maintenant, je serai la risée de toute la Transylvanie. Autant en finir tout de suite et croquer une gousse d'ail. Je ne sais pas ce qui me retient de pousser la dalle pour aller m'immoler par le feu !

— Boris ! Descends de tes grands chevaux ! Rien n'est fini. Au contraire ! Tout commence. Notre fils est amoureux.

Magda sourit à Anatole.

— Il faut excuser ton père. Il a déjà oublié sa jeunesse. En ce temps-là, il a souvent risqué de brûler vif pour passer quelques minutes de plus avec moi.

— Ça n'a rien à voir. Cette fois, c'est différent. Nous étions du même monde, toi et moi. Tandis que cette... comment s'appelle-t-elle déjà ?

— Virginie, murmure tendrement Anatole. Elle s'appelle Virginie.

Boris poursuit sa pensée :

— ... tandis que cette Virginie est une fille de la lumière. C'est de la folie !

Magda n'est pas de cet avis.

— En tout cas, moi, je suis impatiente de la rencontrer.

Anatole est radieux !

— Quand me la présentes-tu ?

Anatole se sent pousser des ailes.

— Ce soir, si tu veux.

— C'est d'accord, dit Magda. Nous vous attendons vers... disons, neuf heures. D'ici là, j'ai amplement le temps de préparer quelques-unes de mes spécialités culinaires.

Anatole hésite, bafouille :

— C'est que... Enfin... Vaudrait mieux se voir ailleurs. Au restaurant, par exemple.

Boris sort de son mutisme.

— Notre caveau n'est pas assez bien pour la demoiselle?!?! À moins que...

Anatole rougit.

Boris jubile.

— ... Je l'aurais parié! Notre fils n'a pas eu le courage de révéler ses origines à sa belle.

Anatole baisse la tête.

— Je me vois mal lui dire: au fait, mes parents sont vampires. Ils habitent un caveau au fond du cimetière. Si je ne rentre pas bientôt, ils vont passer la journée à ronger le couvercle de leur tombe.

Boris serre les poings.

— Tu as entendu ça, Magda? Notre fils a honte de nous!

— Tout de suite les grands mots! Donnez-moi un peu de temps! supplie Anatole. J'ai bien l'intention de tout raconter à Virginie. J'attends juste le bon moment.

Magda, qui tentait de réparer les dégâts causés à sa coiffure, abandonne son peigne et s'approche d'Anatole.

— Tu as raison. Rien ne presse. Laissons-lui le temps de nous connaître.

Boris éclate d'un grand rire sonore.

— En tout cas, je voudrais voir sa tête le jour où elle apprendra que ses beaux-parents sont des vampires.

Magda lui lance un regard menaçant.

— Boris, je te défends de gâcher cette soirée !

6

Les présentations

Magda traverse le restaurant au bras d'Anatole. Boris les suit sans enthousiasme.

De la table où elle est installée, Virginie leur sourit.

— Elle est charmante, souffle Magda à l'oreille de son fils.

Virginie serre la main de Boris et de Magda puis tend la joue à Anatole.

Boris se penche vers Magda :

— Elle a un fort joli cou.

Magda sourit tandis que, sous la table, elle plante son talon aiguille dans la cheville de son époux.

Boris ne peut s'empêcher de grimacer de douleur.

Virginie s'inquiète aussitôt :

— Vous allez bien ?

— Ça va aller, intervient Magda. C'est un malaise passager, n'est-ce pas, Boris ? Je sens que nous allons passer une charmante soirée.

Anatole qui était sur des charbons ardents commence à respirer plus librement. Le repas se déroule finalement plutôt bien.

Mais hélas ! Le plus dur reste à faire. C'est qu'Anatole n'a pas tout dit à ses parents. Il a omis une petite chose. Un léger détail.

Au moment du dessert, Virginie se tourne affectueusement vers Anatole.

— Alors, on leur annonce la grande nouvelle ?

Boris et Magda échangent un regard interrogateur.

Anatole est dans ses petits souliers. Cette fois, il le sent, il va y avoir un drame.

Magda sourit :

— Quelle grande nouvelle ?

Virginie se presse contre l'épaule d'Anatole.

— Vas-y, toi.

Anatole avale sa salive.

— Voilà... Virginie et moi avons décidé d'aller vivre ensemble, dans un appartement.

Cette fois, Boris encaisse le coup sans broncher. Dignement. Sans un mot, il se lève, traverse la salle et quitte le restaurant.

Anatole est triste ! Il aurait tant voulu éviter ça !

Magda se lève à son tour.

— Je vais le rejoindre. Il doit être terriblement malheureux.

Virginie est au bord des larmes.

— Je suis désolée...

Magda l'embrasse :

— Ne vous en faites pas. Avec le temps, tout va s'arranger.

Anatole presse tendrement le bras de sa mère. Magda lui sourit :

— Ne rentre pas trop tard.

En revenant au caveau familial, Magda trouve Boris écroulé dans son cercueil.

— Elle m'a volé mon fils ! Cette gamine aux joues roses m'a volé mon fils !

Magda caresse doucement les cheveux de Boris.

— Mais non. Anatole a simplement décidé de voler de ses propres ailes. Ça devait arriver un jour ou l'autre.

— Mais il a choisi une étrangère !

— Et alors, Boris. Où est le problème ?

— Tiens, un exemple : nous appartenons au monde de la nuit, tandis que cette fille, comme tous les humains, vit le jour. Alors, dis-moi, quand les verrons-nous ?

— Aussi souvent qu'on le voudra. Il suffit simplement de s'adapter à la situation et autant s'y mettre tout de suite.

À la lumière des candélabres, Magda pose sur son sarcophage deux flûtes de cristal de Bohême puis les remplit à ras bord de jus de tomate.

— Je suis passée au dépanneur, en rentrant. Regarde ce que j'y ai trouvé.

Délicatement, Magda dépose sur les genoux de Boris... un plein sac de légumes :

carottes, betteraves, courgettes... et bien sûr de belles tomates bien juteuses.

Boris secoue tristement la tête.

— Pauvres de nous ! Nous voilà descendus bien bas ! Si les parents restés au pays viennent à l'apprendre, ils en auront le cœur transpercé !

Depuis, Magda s'est mise à la cuisine végétarienne. Elle se donne un mal fou pour rendre ses plats attrayants. Elle frise le céleri, sculpte des roses dans les radis, découpe des tulipes dans les tomates. Rien n'y fait. Boris lève le nez sur tout ce que lui sert son épouse, se contentant d'avaler tout juste de quoi survivre.

Nuit après nuit, Anatole multiplie les encouragements. Tantôt, il parle du bonheur fabuleux qu'il y a à contempler le monde en couleurs. Une autre fois, il dépeint avec enthousiasme le lever du soleil sur la ville ou le flamboiement spectaculaire de l'automne. Buté, Boris continue à chipoter.

Cependant, certains changements commencent à s'opérer en lui. Anatole et sa

mère voient avec plaisir ses joues se colorer. Et voilà qu'un matin, Boris rentre au caveau profondément troublé.

— Toute la nuit, confie-t-il à son fils et à son épouse, j'avais l'impression d'être suivi.

— D'où te venait cette idée, demande Magda, inquiète.

— C'est que, tout au long de ma promenade, chaque vitrine devant laquelle je passais me renvoyait le reflet d'un homme. Pourtant, lorsque je jetais un œil par-dessus mon épaule pour apercevoir mon poursuivant, la rue se révélait être déserte. Totalement déserte.

— Et alors? questionne Anatole, visiblement impatient de connaître la suite du récit.

— Je commençais à me demander si tous ces légumes que vous me forcez à avaler ne me donnaient pas des hallucinations, jusqu'à ce que...

— Jusqu'à ce que quoi? insiste Anatole.

— ... Jusqu'à ce que je réalise que le reflet dans la vitre était le mien. C'était

MON REFLET ! Ça m'a donné tout un choc !

Anatole exulte.

— Voilà le moment que j'attendais ! Maintenant, j'en suis certain, vous êtes prêts à affronter le soleil.

— Tu en es bien sûr ? demande Magda, inquiète.

— Faites-moi confiance ! lance joyeusement Anatole.

À midi pile, Magda se glisse donc hors du caveau, expérimentant pour la première fois de son existence la chaleur du soleil sur sa peau.

— Oh ! Boris, quelle sensation ! C'est presque aussi enivrant qu'une morsure !

Poussé par Anatole, Boris se prépare à rejoindre son épouse. Mais, au moment de s'avancer dans la lumière, mû par un réflexe de défense, il se couvre la tête de ses deux mains.

Heureusement !!! Car le végétarisme ne mettant pas le même temps à agir d'un vampire à l'autre, les mèches de sa chevelure exposées au soleil se mettent à flamber.

Boris se précipite dans le caveau en se tapotant la tête. Trop tard ! Le mal est fait. Les cheveux épargnés dessinent sur son crâne une extravagante carte géographique.

— Ça repoussera, l'encourage Magda.

Nouvelle vie

Hélas ! Contrairement aux prévisions optimistes de Magda, les cheveux calcinés n'ont jamais repoussé. Depuis, dès le réveil, Boris se coiffe d'un chapeau. Il en possède toute une collection.

Mais ce problème de couvre-chef ne représente qu'une goutte d'eau dans l'océan de changements qui a déferlé sur son existence. En fait, jamais Boris n'aurait soupçonné que quelques bottes de légumes chambouleraient à ce point sa vie !

Depuis plusieurs mois déjà, le caveau familial n'est plus qu'un souvenir. Résigné, Boris a suivi Magda dans un bungalow sans originalité, situé à deux coins de rue de l'appartement d'Anatole et de Virginie.

Chaque jour, Boris regrette un peu plus sa vie passée. Même la naissance de ses petits-enfants n'est pas arrivée à le détourner du malaise qui l'habite. C'est donc pour ne pas sombrer totalement dans la mélancolie qu'il a postulé un emploi de gardien de nuit. Ce travail, c'est sa bouée de sauvetage. Vivre la nuit lui permet, durant quelques heures, de se bercer de la douce illusion que rien n'a changé.

Comme chaque matin, en rentrant du travail, Boris range son uniforme, enfile son pyjama, souhaite une bonne journée à Magda et se couche dans son cercueil.

De la fenêtre, Magda contemple les arbres en fleurs. Soudain, elle aperçoit Anatole. Les bras chargés de sacs, il grimpe l'escalier au pas de course puis entre sans frapper.

Les joues en feu, Anatole laisse tomber ses paquets près de la porte.

— Je n'en peux plus !

— Parle moins fort ! ordonne Magda. Tu vas réveiller ton père.

— Depuis que Virginie est sortie de l'hôpital, les jumeaux n'ont pas arrêté de pleurer. Ça fait quarante-huit heures que nous n'avons pas fermé l'œil. Virginie est épuisée ! Moi, je ne sais plus où donner de la tête. Si ça continue, je vais devenir fou !

Magda tend un verre de jus de légumes à son fils.

— Pauvre Anatole ! Tous les bébés pleurent.

— Sûrement pas aussi fort que Marie-Soleil et Jean-Lou ! Ces deux-là, ils pleurent en stéréo ! Il suffit que l'un d'eux s'y mette pour que l'autre enchaîne aussitôt. Depuis deux jours, nous avons droit à l'intégrale du *Duo pour cris et hurlements*. Et, s'il n'y avait que ça !...

Magda lance un regard interrogateur à son fils.

— Que veux-tu dire ?

— Jean-Lou refuse obstinément son biberon. Impossible de lui faire avaler la moindre goutte de lait.

Le regard de Magda s'assombrit.

— Il vaut mieux que j'aille voir ce qui se passe. Je réveille ton père et nous arrivons.

Anatole ramasse ses sacs puis repart chez lui aussi vite qu'il est venu.

D'un pas pressé, Magda entre dans la chambre et ouvre brusquement le cercueil de son époux. Terrorisé, Boris se recroqueville en hurlant.

— Du calme ! Du calme ! lance Magda. Quand vas-tu te mettre dans la tête que tu n'as plus rien à craindre du soleil ?

Du bout des doigts, Boris effleure sa chevelure.

— Vampire échaudé craint l'eau froide.

— Allons, lève-toi. Anatole a besoin de nous.

En quelques mots, Magda explique la situation.

Boris glisse hors de sa tombe en bougonnant.

— Maudit soit le jour où Anatole a rencontré cette fille !

Magda lève les yeux au ciel :

— Cette fille, comme tu dis, s'appelle Virginie. Quand vas-tu enfin te décider à la nommer par son prénom ?

Boris lance un regard de défi à son épouse.

— Jamais ! Pourquoi a-t-il fallu que notre fils tombe amoureux d'une mortelle ? Ce ne sont pourtant pas les vampires intelligentes et jolies qui manquent !

Magda pousse un long soupir.

— Anatole est heureux avec Virginie, le reste n'a aucune importance.

Boris se raidit :

— Parle pour toi ! Avant elle, notre famille avait toujours respecté les traditions. Couchés dès l'aurore et levés aux premiers coups de minuit, nous nous mettions chaque nuit un peu de sang frais sous les canines. Tandis que maintenant...

Magda hausse les épaules :

— Qu'est-ce que tu reproches à notre nouvelle vie ?

— Enfin, Magda, ne vois-tu pas ce que nous sommes devenus ? Nous avons trahi tout ce que nous étions. À cause de cette mortelle, nous avons quitté notre caveau pour cet horrible bungalow.

Toi-même, tu as cédé aux charmes d'un épais matelas. Il n'y a plus que moi, dans cette maison, qui dors encore dans un cercueil. Le temps n'est pas loin où tu décoreras la cuisine d'une tresse d'ail et le salon d'un gros bouquet de roses sauvages.

Magda caresse doucement l'épaule de son mari.

— Des vampires qui courent les rues en plein midi, ça ne fait pas très sérieux, soupire Boris en se coiffant d'une chéchia, un petit chapeau rond dont les couleurs sont assorties à son pyjama.

— Je sais... Je sais... réplique doucement Magda, mais ainsi nous pouvons toujours être en contact avec Anatole.

— N'empêche, j'ai parfois l'impression qu'on m'a limé les canines. Et puis, je déteste les légumes !

Pour un peu, Boris se mettrait à pleurer comme les jumeaux.

Magda sourit tendrement.

— Tu vas finir par t'y habituer. Pour l'amour d'Anatole, fais un effort. Essaie de voir le bon côté des choses. N'es-tu pas heureux d'être grand-père ?

— Avant que cette mortelle unisse sa vie à celle de notre fils, j'ai souvent rêvé à ce moment. Je m'imaginais prenant le vol de nuit pour la Transylvanie, en compagnie de mon petit-fils. Ç'aurait été une telle joie et une telle fierté de le présenter à la famille !

Magda lui tend une chemise propre et une casquette :

— Je suis sûre que tu pourras bientôt réaliser ton rêve.

Boris hausse les épaules :

— Pour ça, il faudrait que les enfants d'Anatole soient les dignes descendants de leurs ancêtres de Transylvanie, ce qui est loin d'être certain !

8

Vampires ou mortels ?

À leur arrivée chez Anatole, Boris et Magda sont accueillis par les cris des jumeaux.

Virginie parvient à esquisser un sourire. Anatole, lui, semble découragé.

Pourtant, à la naissance de Marie-Soleil et de Jean-lou, il était au comble du bonheur ! Anatole se sentait léger... Si léger... S'il avait osé, il se serait transformé en papillon et aurait volé dans les airs jusqu'à l'épuisement !

Anatole pousse un long soupir. Cette époque-là est bel et bien révolue. Finies les valses folles autour des réverbères. Terminées les virevoltes et les acrobaties aériennes. Désormais, il se doit de garder les deux pieds sur terre.

— Vous entendez ça ? C'est terrible ! Les voisins commencent à se plaindre.

Boris et Magda suivent Virginie et Anatole dans la chambre des enfants. Magda prend Marie-Soleil dans ses bras et la berce doucement.

— Allons, jolie Marie-Soleil, dis à mamie ce qui ne va pas.

Boris se penche discrètement à l'oreille de Magda.

— Marie-Soleil ! Tu parles d'un prénom ! À tout coup, ça me fait grincer des canines. Tandis que Jean-Lou... Voilà qui est agréable à entendre.

Doucement, avec mille et une précautions, Boris retire Jean-Lou de son berceau.

— C'est vrai que pour un bébé naissant, il a beaucoup de voix ! Il me rappelle le cousin Franz !

Franz, le célèbre chanteur d'opéra ! Franz, réputé pour s'être penché sur les plus beaux cous d'Europe et d'Amérique.

Une idée folle traverse l'esprit de Boris. Et si Jean-Lou se destinait à suivre les traces de ce cher Franz ?

Le cœur de Boris se met à faire du trampoline dans sa poitrine. Plein d'espoir, il pose son index sur les lèvres du bébé.

Un vampire naissant aurait immédiatement le réflexe de mordre le doigt qu'on lui présente. Au lieu de ça, le fils d'Anatole se met à téter goulûment l'index de son grand-père.

Virginie, qui a remarqué le manège, en conclut que les jumeaux ont faim et s'empresse d'aller préparer les biberons.

Avec l'aide d'Anatole, elle entreprend de faire boire les petits. Hélas, Jean-Lou refuse une fois encore d'avaler son lait. Évidemment, Marie-Soleil fait de même.

— Peut-être qu'un peu de sang chaud leur ferait le plus grand bien, suggère Boris.

Virginie est effondrée.

— Vous pensez vraiment que leur état nécessite une transfusion sanguine ? demande-t-elle, en fondant en larmes.

— Euh, euh, euh, bégaie Boris, je...

— Pas du tout ! intervient Magda. Ces bébés ont faim. Il faut juste trouver ce qui leur convient. Mais j'ai ma petite idée.

Sans en dire plus, Magda file à la cuisine.

En moins de temps qu'il n'en faut pour compter jusqu'à cent, Magda revient avec deux biberons remplis d'un épais liquide rouge.

Boris écarquille les yeux :

— Qu'est-ce que c'est ? Du s...

Magda lui coupe sèchement la parole :

— Du jus de tomate ! ! !

Ô merveille, Jean-Lou accepte de bonne grâce le biberon tendu. Marie-Soleil rechigne un peu, mais finit par faire comme son frère.

Anatole pousse un long soupir de soulagement.

— J'aurais dû y penser !

— Ce sont bien les enfants de leur père ! conclut Virginie, tandis que le silence s'installe doucement dans l'appartement.

Pour Boris, la déception est immense !

9

Rien n'est perdu

Mais Boris n'a pas perdu tout espoir et il attend fébrilement le jour où les jumeaux perceront leur première canine.

Quatre mois après la naissance de Marie-Soleil et Jean-Lou, Magda et Boris s'apprêtent donc à célébrer la fête des canines.

Comme sa grand-mère autrefois, Magda a confectionné deux statuettes en masse-pain et chocolat. Ces statuettes aux longs cous sont offertes depuis toujours aux bébés vampires pour qu'ils y plantent leurs canines toutes neuves.

Boris et Magda sonnent donc à l'appartement de Virginie et Anatole.

C'est Virginie qui les accueille. En la voyant, Boris recule. Décidément, il ne se fera jamais au teint de pêche de sa belle-fille !

— Suivez-moi ! lance Virginie. Anatole et moi sommes en train de faire manger les enfants.

Plein d'espoir, Boris se précipite vers les bébés.

— Joyeuses canines ! Mamie vous a préparé une belle surprise, annonce Magda, en montrant les pâtisseries.

De leurs petits fauteuils posés sur la table, Marie-Soleil et Jean-Lou sourient à leurs grands-parents.

Boris reçoit ces sourires comme un direct en pleine poitrine ! Il a l'impression qu'un pieu vient de le transpercer de part en part.

— Vous ne vous sentez pas bien ? demande Virginie.

Boris se laisse tomber sur une chaise.

Inquiet, Anatole s'approche de son père :

— Que se passe-t-il ?

— C'est terrible, marmonne Boris, terrible ! Tout est perdu ! Définitivement perdu !